Lucia Coray

Christoph Vögele

Beitrag/Contribution Fritz Billeter

Lucia Coray

Waser Verlag, Weiningen-Zürich

© 1995 by Waser Verlag, Weiningen-Zürich
ISBN 3-908080-42-8
Produced in Switzerland

Grafische Gestaltung: Jack Waser, Weiningen-Zürich
Englische Übersetzung: Terry Peters, Zürich
Foto Seite 2: Silvia Voser, Zürich
Fotolithos: Gerhard Mühlebach, Nievergelt Repro AG, Zürich
Satz: Century, Charlotte Bogdanović, Pro Desk AG, Uster
Druck: Neidhart + Schön AG, Zürich
Papier: Versailles Périgord matt, 170 gm^2
Einband: Buchbinderei Burkhardt AG, Mönchaltorf-Zürich

Inhalt/Contents

Ladies and gentlemen
Dear friends
Dear Lucia

The artist, so the cliché goes, can get up in the morning whenever he wants, artists are free. Lucia Coray doesn't fit this common prejudice. She puts in her 6 hour days; she does the job: as a rule 350 thumb-sized heads per day; 6500 to a medium sized image (a few days ago we tried again to count them). She has in the past managed 12 000.

A psychologist might suspect compulsive repetition. If it has to be something, then read compulsion as desire – a state which runs counter to current psychoanalytical belief.

I believe rather that Lucia Coray's urge for repetition sets the norm. What is said once isn't heeded or is simply forgotten, what is reiterated becomes at best 'law', becomes pictorial rule. Such 'rules' – I could also say 'organizing framework' – are not provided by the Zeitgeist but rather by the artist herself. Lucio Fontana's sliced canvasses come to mind, Hermann Alfred Sigg's river pieces, Picasso's faces in which profile to frontality synthesize. Such fundamental principles as they appear in Lucia Coray's ranks of heads, for example, often become a life-long motif.; they become for the viewer as well as for the artist an orientation point, a symbol of cultural reality.

The *Grosse Zahl* (Big Number) was, as continually emphasized by Richard P. Lohse, the destiny and the task of the 20th century. Lucia Coray shows that, at the very least, in an endless throng humor needn't fail. To recognize that we must observe her works up close. It is then that we realize her standarized heads could be described as quasi "Happy Faces": "dot, dot, comma, dash", and so on.

"Happy Face" is right on the mark. There is something chipper about the term; in Gestalt psychology, however, it is to describe a fact unemotionally. And the ability to technically reproduce art, as described in Walter Benjamin's famous and still valid essay of 1936 – which can be related to Lohse's 'Big Numbers' – is destined for this century. Today a matrix or prototype is made from an artifact and that reproduction is brought to the market in however many desired quantities. Not only the classic methods of duplication, like lithography and etching, are proliferating these things, but photography, film and the electronic media as well. One of the first to recognize and apply this concept of mass culture was Andy Warhol. In the early 60's he took pop idols, society names like Liz Taylor, Marilyn Monroe or the Mona Lisa,

Lucia Coray: 6500mal ist besser als einmal

Meine Damen und Herren
Liebe Freunde
Liebe Lucia

Der Künstler, so behauptet ein Klischee, könne morgens aufstehen, wann immer er wolle, ein Künstler, eine Künstlerin sei frei. Lucia Coray entspricht diesem geläufigen Vorurteil nicht. Sie kennt ihren Sechs-Stunden-Tag, sie erfüllt ihr Pensum: in der Regel 350 daumengrosse Köpfe im Tag; 6500 bringt sie auf ein mittelgrosses Bild (wir haben es vor einigen Tagen wieder einmal nachzuzählen versucht); sie ist aber auch schon auf 12 000 gekommen. *Wiederholungszwang* könnte da der Tiefenpsychologe wittern. Wenn es denn einer sein sollte, dann wird hier jedoch Zwang als *Lust* empfunden – ein Umstand, welcher der gängigen psychoanalytischen Sicht zuwiderläuft. Ich denke eher, dass Lucia Corays *Bedürfnis nach Wiederholung* eine Norm festschreibt. Das einmal Gesagte wird nicht beachtet oder vergessen, das wiederholt Gesagte jedoch wird bestenfalls Gesetz, wird Bildgesetz. Solche Setzungen – ich könnte auch sagen, solche Ordnungsvorschläge – werden in unserem Jahrhundert dem Künstler, der Künstlerin nicht durch den sogenannten Zeitgeist zugespielt, sondern dieser, diese nimmt sie je individuell selbst vor: man denke an *Lucio Fontanas* Leinwandschlitze, an *Hermann Alfred Siggs* Flussverläufe, an *Picassos* Gesichter, bei denen Profil und Frontalität sich zur Synthese ineinanderschieben. Solche Grundformeln, wie sie beispielsweise Lucia Corays Köpfchenzeilen darstellen, werden oft ein Lebenswerk lang durchgehalten; sie werden für den Betrachter und für den Künstler, die Künstlerin eine Orientierungsmarke, ein Sinnzeichen kultureller Wirklichkeit.
Die «Grosse Zahl», hat *Richard P. Lohse* ständig hervorgehoben, sei Schicksal und Aufgabe dieses Jahrhunderts. Lucia Coray zeigt mindestens, dass einem im unendlichen Gewimmel der Humor nicht auszugehen braucht. Damit wir das erkennen, müssen wir *ganz nahe* an ihre Bilder herangehen. Dann bemerken wir, dass ihre typisierten Köpfchen als sogenannte «Schwiegermuttergesichter» bezeichnet werden könnten: «Punkt, Punkt, Komma, Strich» undsoweiter.
«Schwiegermuttergesicht» nennt die Sache treffend. Dem Begriff ist etwas Gutgelauntes zu eigen; er entstammt aber auch der *Gestaltpsychologie,* bezeichnet also auch emotionslos einen Tatbestand.
Und das Schicksal dieses Jahrhunderts ist mit der «Grossen Zahl» durchaus zusammenhängend, die *technische Reproduzierbarkeit des Kunstwerks,* wie

varied and arrayed their silk screened portraits in endless colour scales.

Contrary to Andy Warhol, Lucia Coray doesn't begin with the prominently known, who through this repetition are stripped of their individuality. Lucia Coray already starts with the 'type', with masks. She works as well with prototypes that she modifies from time to time. Even within one image the individual, hand drawn faces differ from one another, if only slightly. When we scrutinize the pieces of Lucia Coray we uncover an astounding multiplicity of prototypes. They are occasionally in profile, more often frontally presented; they define themselves in the fluctuations of light and dark; their contours are rectangular, oval or trapezoidal; they are here and there brought slightly off plumb; there are a multitude of nuances of size and spacing; they are diversely coupled and linked.

Today there is a lot of talk about "Networking". A thousand year old form of networking is found in weaving: vertical/horizontal, warp and weft. Lucia Coray's ranks of heads, when viewed from a distance, resemble texiles. Just recently a shift has occurred in this orthogonal weave. Lucia Coray has begun to generate her rows off the horizontal and vertical; as she works she rotates the page again and again, the rows now also lie diagonally.

Foto: Fetzer, Bad Ragaz

Ausstellung/Exhibition Lucia Coray, Galerie Lea Krausz, Jenins, 1995.

das *Walter Benjamin* in seinem berühmten, stark in die Gegenwart hineinwirkenden Essay von 1936 dargelegt hat. In unserer Zeit wird vom Artefakt jeweils eine Matrix, ein Prototyp entworfen und dessen Abbild oder Abform dann in beliebig grosser Auflage auf den Markt gebracht. Solches erbringen nicht nur die gleichsam klassischen Reproduktionsverfahren wie Litho oder Radierung, sondern vor allem auch Foto, Film und die elektronischen Bildmedien. Als einer der ersten hat *Andy Warhol* dieses Grundprinzip unserer Massenkultur erkannt und angewandt. Er nahm zu Beginn der sechziger Jahre Idole, Stars dieser Gesellschaft, etwa Liz Taylor, Marilyn Monroe oder Mona Lisa, reihte und variierte ihr Bild im Siebdruckverfahren in endlosen Registern.

Anders als Andy Warhol geht Lucia Coray nicht von einer prominenten Person aus, die sich dann durch Repetition zum entindividualisierten Ornament verkehrt. Lucia Coray beginnt schon mit dem Typus, mit der Gesichtsmaske. Auch sie schafft Prototypen, die sie von Zeit zu Zeit abwandelt. Doch schon in ein und demselben Bild variiert das einzelne Gesichtchen, da handgezeichnet, wenn auch in Winzigkeiten.

Wenn wir ganz nahe an die Bilder von Lucia Coray herantreten, werden wir eine erstaunliche Vielfalt ihrer Prototypen ausspähen. Sie werden zuweilen im Profil, häufiger jedoch en face gegeben, sie definieren sich im Wechsel des Helldunkels, sie erhalten hochrechteckige, ovale oder trapezförmige Umrisse, sie sind da und dort um ein Geringes aus dem Lot gebracht, Grösse und Zwischenräume können sich nuancenreich verändern; immer wieder werden sie anders gekoppelt und verkettet.

Man redet heute viel von «Vernetzung». Eine jahrtausendealte Form der Vernetzung findet sich bei *gewebten* Stücken: senkrecht-waagrecht, Kette und Schuss. Lucia Corays Kopfzeilen erinnern, aus grösserer Distanz betrachtet, an textile Struktur.

Ganz kürzlich ist Bewegung in dieses orthogonale Geflecht gekommen. Neuerdings entwickelt Lucia Coray ihre Reihen nicht nur vertikal und horizontal; sie dreht beim Zeichnen das Blatt immer wieder, legt die Kopfreihen auch in *diagonaler* Richtung an. Dadurch verliert das einzelne Köpfchen das Bildzeichenhafte; es wird immer weniger Köpfchen, es wird noch anonymer, mehr blosses Strukturelement. Vor allem verwandelt sich der Charakter der Bildstruktur insgesamt. Die Bildkomposition wird kaum mehr als archaische Reihung empfunden, es entstehen bewegte Dichtezonen – nach dem monotonen Tamtam die Trommelwirbel.

Meine Damen und Herren, ich sprach am Anfang davon, dass Lucia Coray mit dem Zeichnen ihrer Köpfchen ihr tägliches Pensum erfülle. Ich kann darin eine Art von Disziplinierung erkennen, ein *Ritual*. Rituale werden erfunden, um eine Verletzung, einen Riss in der Schöpfung zu heilen. Der primitive Jäger ist gezwungen, ein Tier zu erlegen, um mit den Seinen zu

Through this the individual heads lose their representational quality; they are less and less heads, becoming more anonymous, mere structural elements. The whole character of the pictorial structure transforms. The composition is no longer developed as archaic rows, dense areas arise rhythmically like the monotonous beat of a drum roll.

Ladies and gentlemen, I said at the outset that Lucia Coray fulfills her daily duty with her little heads. I see in that a sort of self-disciplining, a ritual. Rituals arise to remedy a problem in the world. A primitive hunter is forced to bag an animal for the survival of his family. He turns the hunt into a ritual to try to appease the spirits.

Lucia Coray's drawings correspond to a ritual meant to assuage personal pain. We are all injured emotionally, not just artists, that is nothing unusual. But who else has found a remedy for it?

If we had lived in Goethe's time I close by saying: "A god gave her voice, that she suffers." Since we don't live in Goethe's time perhaps I should strike out the word "God".

I thank you for your attention.

Fritz Billeter

Extended version of the opening speech in the gallery Lea Krausz, Jenins, from May 13, 1995.

überleben. Er wird die Jagd zum Ritual gestalten und so den Weltgeist zu versöhnen versuchen.

Lucia Corays Zeichnen entspricht einem Ritual, um eine persönliche Verletzung zu heilen. *Wir alle* sind seelisch verletzt, daran ist nichts Besonderes, nicht nur der Künstler, die Künstlerin. Aber haben wir wie diese auch das Heilmittel dafür gefunden?

Lebten wir in der Zeit Goethes, würde ich meine Ausführungen so beschliessen: «Ein Gott gab ihr zu sagen, dass sie leide.» Da wir aber nicht zur Zeit Goethes leben, muss ich das Wort «Gott» vielleicht streichen.

Ich danke fürs Zuhören.

Fritz Billeter

Erweiterte Fassung der Ansprache anlässlich der Vernissage in der Galerie Lea Krausz, Jenins GR, am 13. Mai 1995.

«Am Strand» Tusche, 1980, 84×59 cm
Privatsammlung

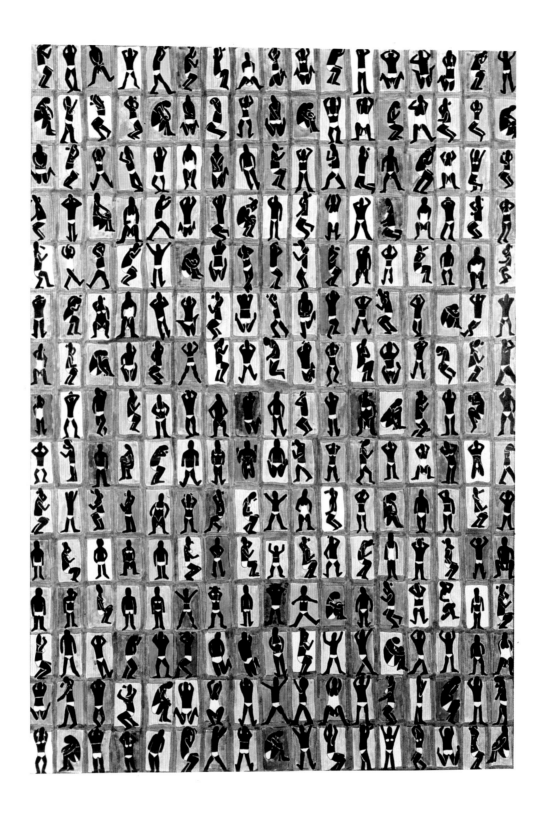

«Körper» Mischtechnik, 1982, 84×59 cm

Sammlung Susann Mäusli, Zürich

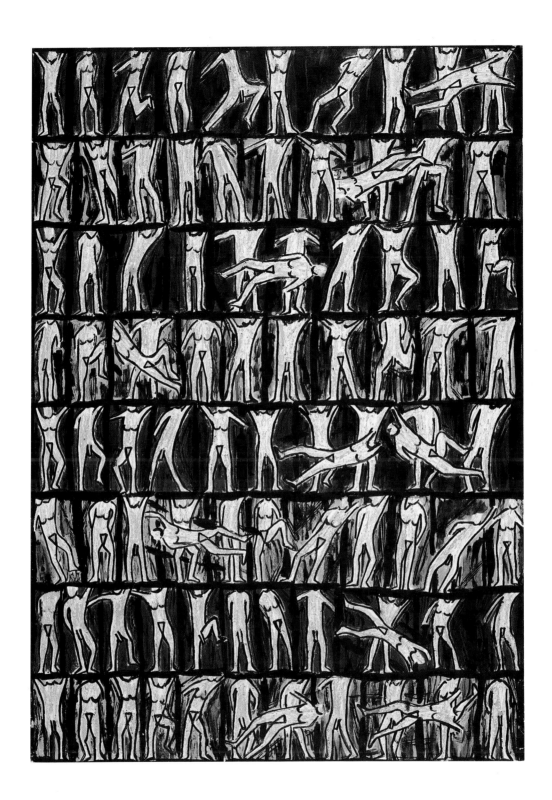

In der linken unteren Ecke ist in Originalgrösse
ein Bildausschnitt abgebildet.
A detail is reproduced in the original size in the
lower lefthand corner.

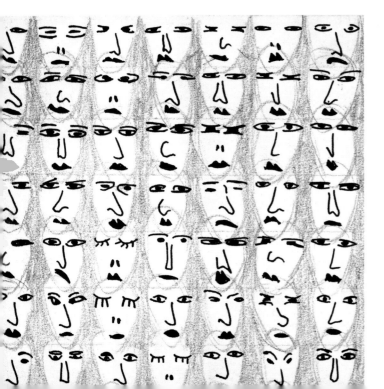

«Köpfe» Bleistift/Tusche, 1980, 84 × 59 cm
Roel Van Merkesteyn, Zürich   16

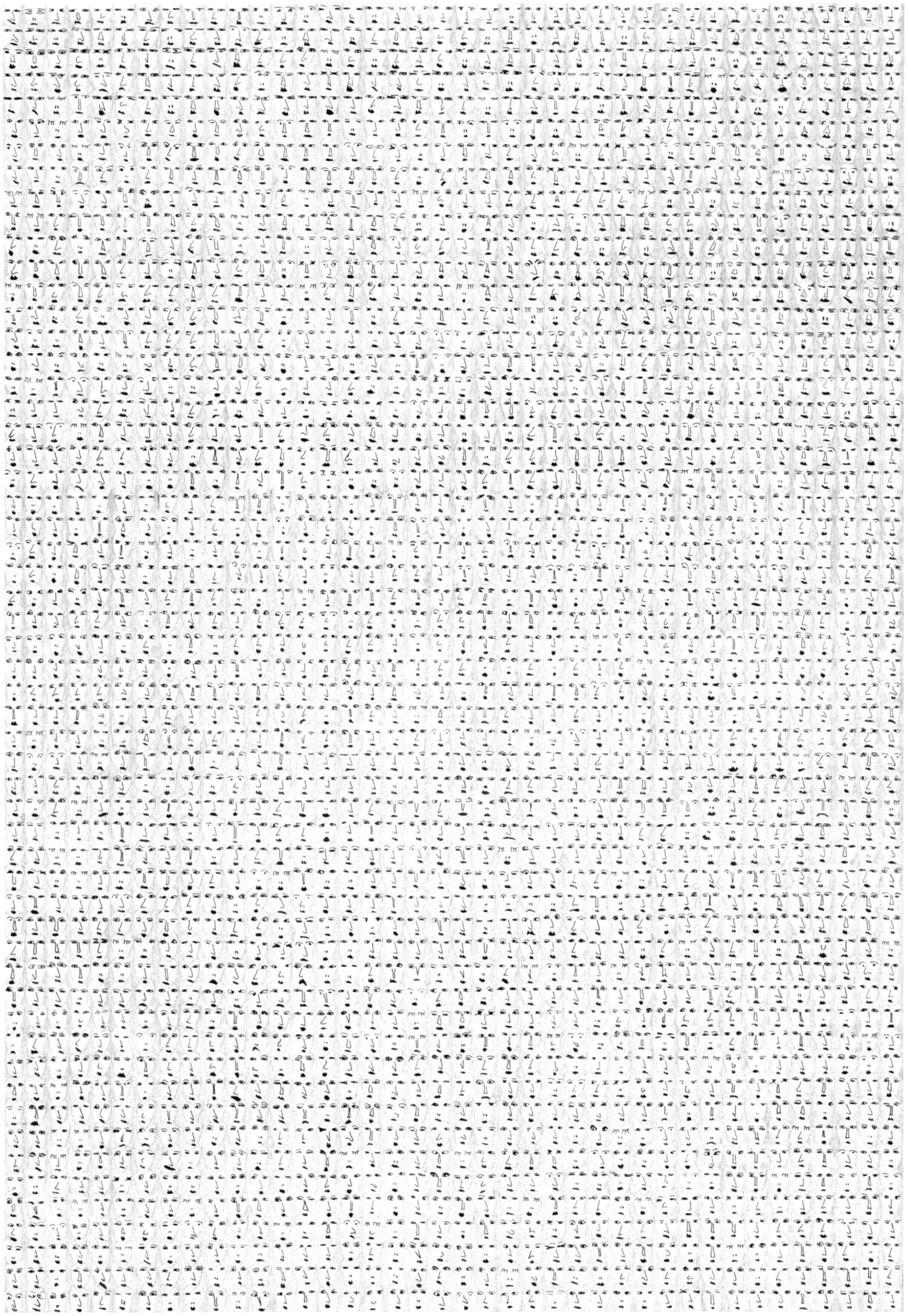

«Köpfe» Tusche, 1980, 84 × 59 cm
Privatbesitz 18

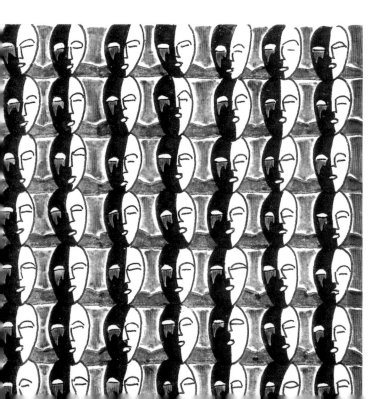

«Köpfe» Tusche + Filzstift, 1980, 84 × 59 cm
Privatsammlung   20

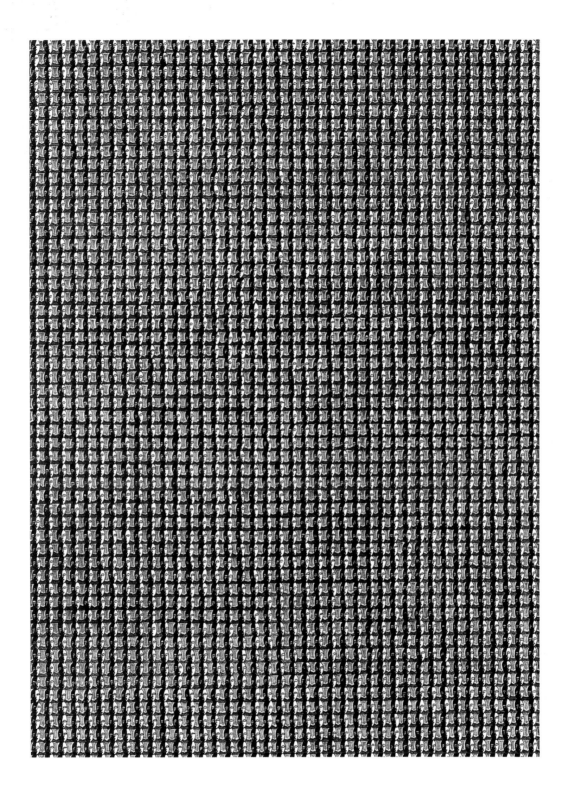

«Herzen» Mischtechnik, 1981, 84×59 cm
Franz Schmid, Bern

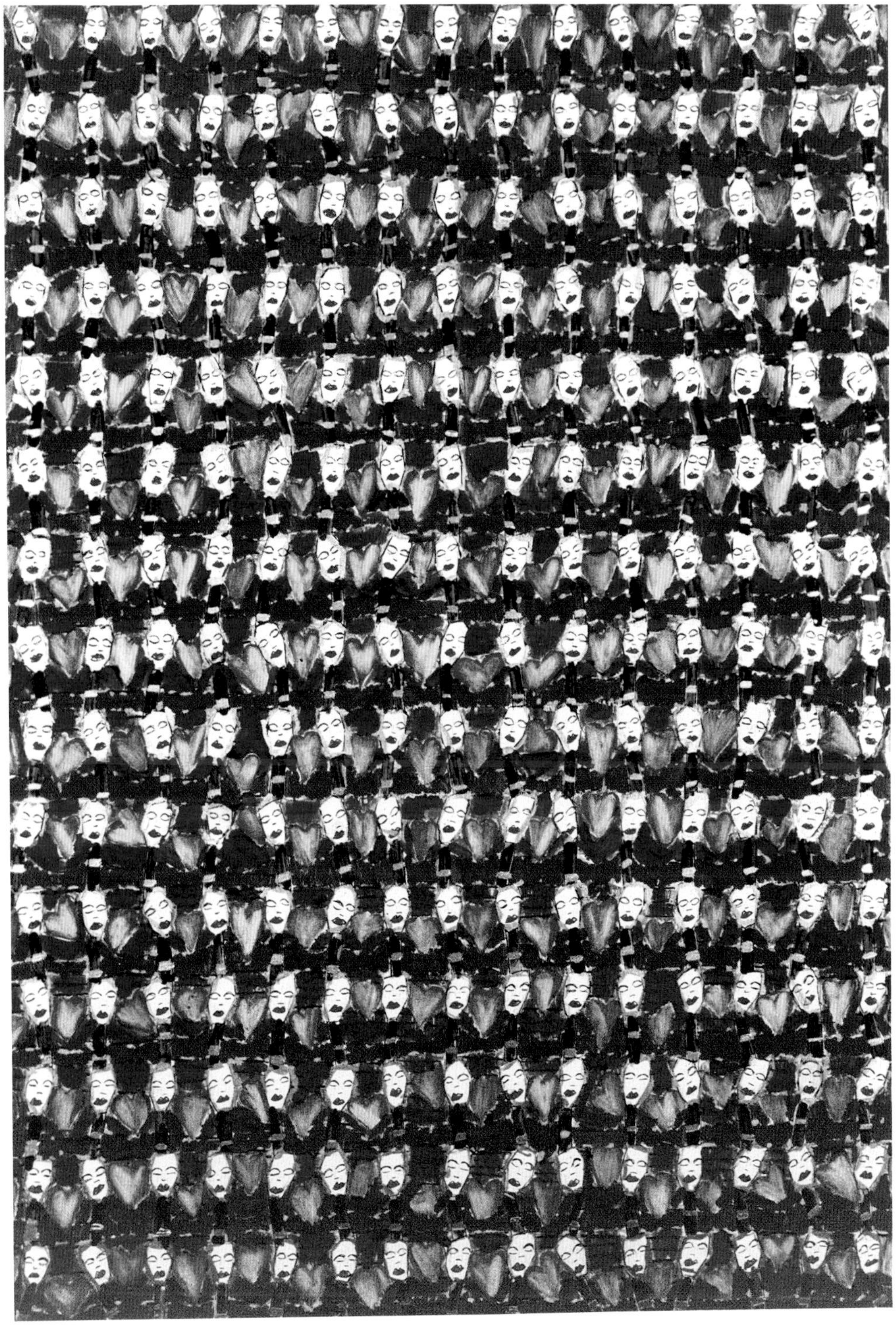

«Herzen» Mischtechnik, 1981, 84 × 59 cm
Sammlung Mike Aschwanden, Zürich

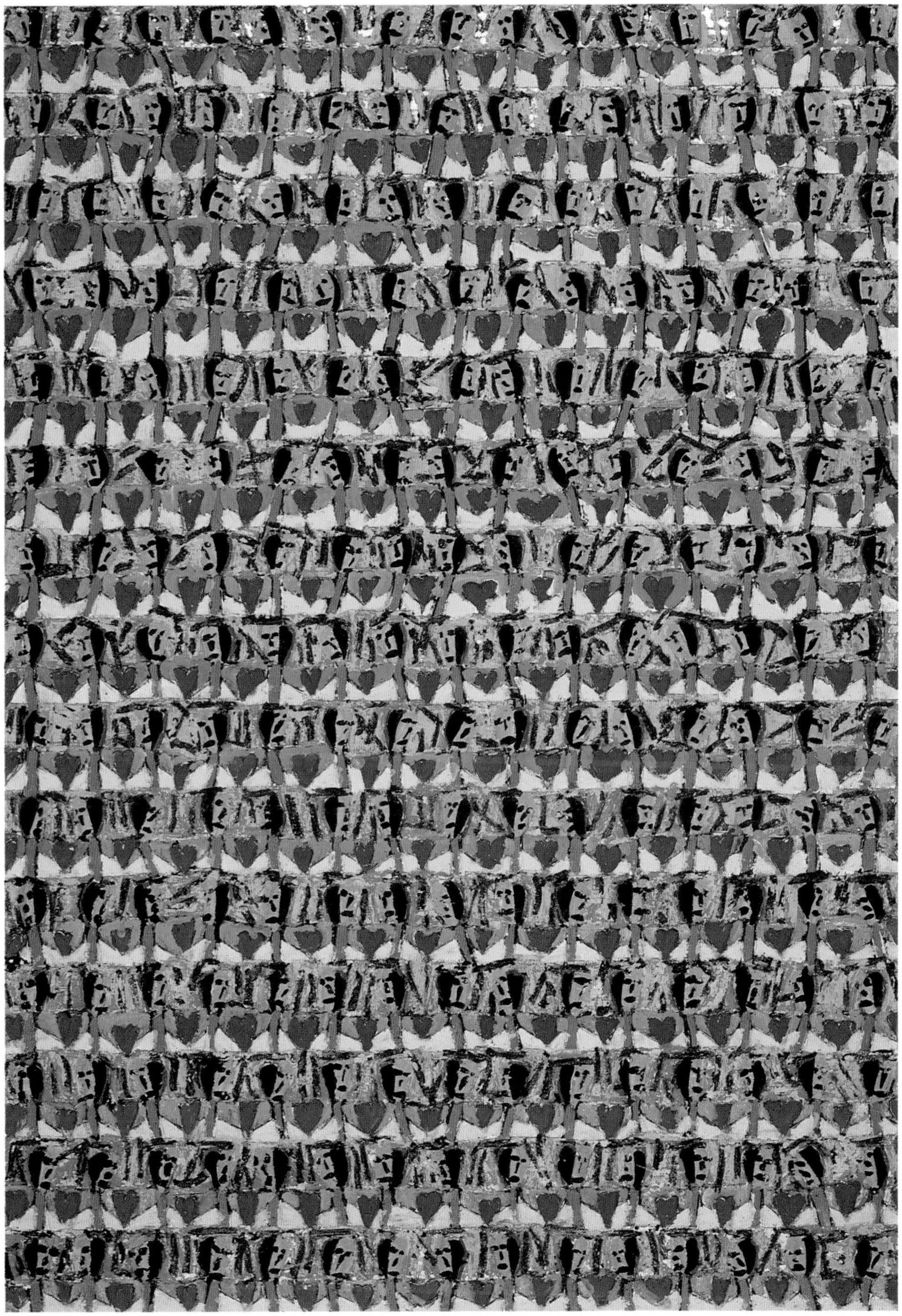

«Barszene» Acryl auf Leinwand, 1983, 80×105 cm

Bleistift/Tusche, 1983, 30×30 cm
Universitätsspital Zürich

Farbstift/Tusche, 1983, 30×30 cm
Sammlung Henry Levy, Horgen

28

Bleistift/Tusche, 1983, 30×30 cm
Sammlung Elisabeth Weinmann, Zürich

Bleistift/Tusche, 1983, 30×30 cm
Privatsammlung

«Situation» Acryl auf Leinwand, 1984, 130×110 cm
Daniel und Caro Stoll, Kilchberg

«Situation» Acryl auf Leinwand, 1984, 130×110 cm
Sammlung Mc Crory Corporation, New York

Acryl auf Leinwand, 1984, 130×150 cm
Dr. Andreas und Hélène Bückert, Zürich

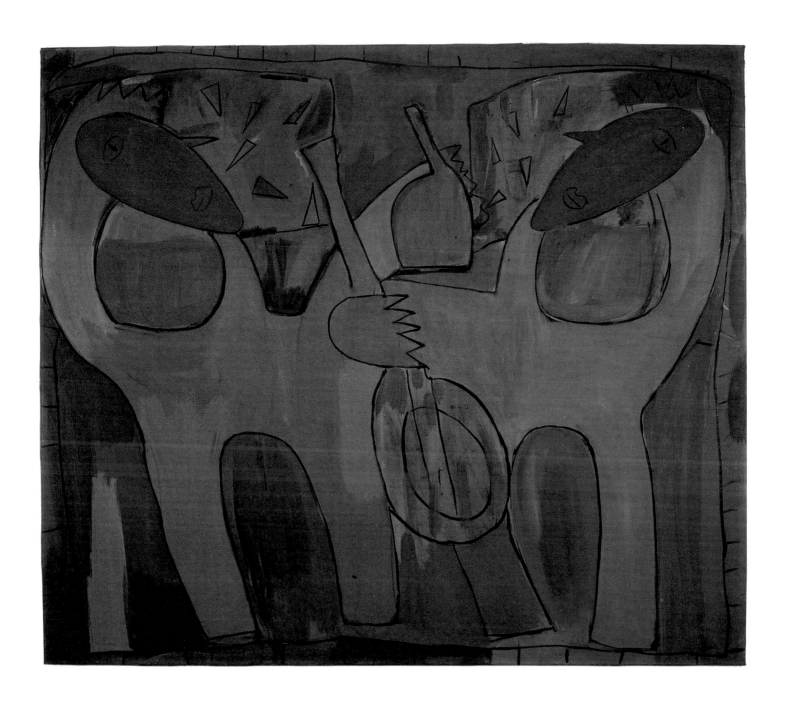

Acryl auf Leinwand, 1985, 130×150 cm

Acryl auf Leinwand, 1986, 130×150 cm

Lucia Coray

Lucia Coray's work is impressively consequential – in the sense of 'sequence' and 'effect'. Coray's constancy is her artistic honesty with which she compellingly and compulsively heeds her inner impulse to stay true to herself – despite ostensible and actual interruptions in her work of the last 15 years. The consequence forms the basis of her work process and illustrates the artist's predilection for sequences, series and systems: Large bodies of work emerge in series, the indiviual sheets are additively 'written' in minute and varied components.

'Work' can serve as a key word for Coray's output. Whoever stands in front of her minutely and patiently produced drawings has to reflect on the immense time and energy that the artist accords herself in weeks of seclusion and concentration. For her action is not directed externally as a mark of achievement, but rather motivated out of an inner necessity, selfless in its self-interest. The common perception of work is not only a daily necessity but a sense of life especially in our puritanically coined culture. This concept is just for Coray, raised in a religious family, understood, even formative: a clear system of values like work, duty and endurance.

The demand for endurance which the artist seems to comply with down to the last stroke in her drawings, she rejected in her youth with the termination of an apprenticeship just prior to the final exams. With her entrance in the Zurich *F+F. Schule für experimentelle Gestaltung,* where she studied from 1977 to 1979, she found a new 'system', that demanded less compliance and endurance but rather provided a support and allowed freedom in determining her path. The opposition to security and freedom only seems to be mutually exclusive; Coray's works make it clear that precisely in the confrontation of systematic order, diversity and liveliness can occur.

Coray isn't interested in the system as such but rather in the possibility of human co-existence within a system. Through the additive character of her work a systematically executed task as well as the work process is comprehensible. The images allow through that the awareness of time – elapsed, tallied and concentrated. The sequence of the marks represents the passage of time, for the path of life – and work – as such. Coray's works in their assimilation of the lived and suffered routine point not just to existential themes. Concurrently the compelling, almost manic rendering is for the artist of existential importance.

Lucia Coray

Lucia Corays Werk ist von eindrücklicher Konsequenz – verstanden im Wort-
sinn von «folgerichtig» und «mitfolgen». Corays Folgerichtigkeit ist ihre
künstlerische Ehrlichkeit, mit der sie zwingend und zwanghaft ihren inneren
Antrieben folgt, mit und bei sich bleibt – trotz scheinbarer Brüche und rea-
ler Unterbrüche im Schaffen der letzten 15 Jahre. Diese Konsequenz liegt
auch dem Arbeitsprozess zugrunde und zeigt sich in der Vorliebe der Künstlerin für (Ab-)Folgen und Systeme: Seriell entstehen grosse Werkgruppen,
additiv «geschrieben» sind die klein- und vielteiligen Einzelblätter.
«Arbeit» kann als Schlüsselwort für Corays Schaffen dienen. Wer immer
vor ihren minuziös und geduldig geschaffenen Zeichnungen steht, wird an
den immensen Zeit- und Arbeitsaufwand denken, den die Künstlerin in
wochenlanger Abgeschiedenheit und Konzentration leistet – oder besser:
sich leistet. Denn ihr Tun ist nicht als Leistungsbeweis nach aussen ge-
richtet, sondern aus innerer Notwendigkeit motiviert, uneigennützig in seinem Eigennutz. Auch in der alltäglichen Vorstellung ist Arbeit nicht allein
Lebensgrundlage, sondern Lebenssinn – zumal in unseren von puritanischer
Moral bestimmten Breitengraden. Solches Denken ist gerade für Coray,
Tochter aus religiösem Elternhaus, vertraut, ja prägend: ein klares System
von Werten wie Arbeit, Pflichterfüllung und Ausdauer.
Der Forderung des Aushaltens – der die Künstlerin in ihren Zeichnungen
bis zum letzten Strich nachzukommen scheint – widersetzt sie sich in jun-
gen Jahren mit dem Abbruch einer Lehre, kurz vor der Prüfung. Mit dem
Eintritt in die Zürcher *F + F. Schule für experimentelle Gestaltung,* welche
sie von 1977 bis 1979 besucht, findet sie ein neues «System», das weniger
Bestehen und Aushalten fordert als Halt gibt und Freiheit lässt, um den
eigenen Weg zu finden. Die Gegensätze von Halt und Freiheit schliessen
sich nur scheinbar aus; Corays Schaffen macht deutlich, dass Vielfalt
und Lebendigkeit gerade aus der Konfrontation mit systemhafter Ordnung
entstehen können.
Coray interessiert sich nicht für das System als solches, sondern für das
menschliche (Zusammen-)Leben, das in ihm ermöglicht oder verunmöglicht
wird. Mit dem additiven Charakter ihrer Werke ist nicht nur systematisch
ausgeführte Arbeit fassbar, sondern der Arbeitsprozess und damit Zeit, vergangene, im Bildsystem gleichsam zusammengezählte, verdichtete Zeit.
Die Zeichen-Abfolge steht für einen zeitlichen Ablauf, letztlich für den Lauf
des Lebens – und Arbeitens – schlechthin. Corays Werke weisen in der
Verarbeitung des erlebten und erlittenen Alltags nicht nur auf existentielle
Themen, das zwanghafte, fast manische Hervorbringen ist für die Künstlerin
zugleich von existentieller Bedeutung.

The compulsive connection between art and life – without any traces of expressive self-indulgence – is illustrated in Coray's work from the very beginning. In 1979, in the final year of her studies at the *F+F* the artist creates *Agenda,* of which she printed an edition of 1000. There one finds the everyday entries of a fictional man, references to appointments, visits, meetings, diary-like notes as they gather throughout the year. Although the *Agenda* appears authentically individual – at the beginning various personal and policy numbers are listed – the 'owner' is 'Anyman'; the monotony of the year represents the collectively and inherently known 'Anyday'. The question of the individual and the masses – individuality and uniformity – is part of Coray's recurrent themes. The aspect of notation and writing further underscored by the agenda's book form is definite for her later work. It makes sense that she uses the freedom that the *F+F* affords her above all for private writing. Memories are externalized in writing page by page, brought to light to endure and finally to be overcome. From the necessity to describe, Coray consequently turns to the necessity to inscribe, from recounting to counting, from the content of the notations to the support of mere mark making.

While still at the *F+F* Coray encounters forms of artistic expression that suit her approach, but they only appear in her drawings after 1980. Among her Zürich teachers are Anton Bruhin and Hans-Rudolf Lutz, two artists who worked intensively in the 70s with signs and symbols, with typography and half-tone printing screens. With Lutz she speaks about her work on the *Agenda;* in the same year he publishes a two volume work *1979, eine Art Geschichte.* Like Coray, Lutz traces a whole year; in reproducing newspaper pages. However, he refers to publicly relevant events, rather than private ones. In the second volume he limits himself to tiny portions of the chosen texts and photos; after being enlarged many times these photos can be perceived only as abstract images of half-tone dots. Mundane reality and typographically patterned image, proximity and distance are topics that are then being discussed between Lutz and Coray. Anton Bruhin, her second teacher, busied himself at that time with systems of symbols; in 1977 his *Kalligraphien* are produced. Almost in the sense of 'horror vacui' those sheets are minutely and completely covered with abstract ink markings. Through Bruhin Coray understands the act of drawing very early on as an additive setting of marks. She takes his artistic approach, his unwavering, feverish persistence and his exhaustion of ideas and themes in long series, as an example.

The most apparent influences on Coray's early work are drawings by Markus Raetz which the artist sees in a visit to the exhibition *Das Beobachten des Beobachtens. Markus Raetz. Zeichnungen* in the Kunstmuseum Bern in 1977. In her first additive works of small heads she obviously refers to Raetz not

Die zwingende Verbindung von Kunst und Leben – ohne alle Züge einer expressiven Selbstdarstellung – zeigt sich in Corays Schaffen von Anbeginn an. 1979, im Abschlussjahr ihrer Ausbildung an der *F+F,* gestaltet die Künstlerin eine *Agenda,* welche sie in 1000 Exemplaren drucken lässt. Darin finden sich die alltäglichen Eintragungen eines fiktiven Mannes, Hinweise auf Termine, Besuche, Treffen, tagebuchartige Notizen, wie sie sich während eines Jahres ansammeln. Obwohl die *Agenda* einen authentisch-individuellen Anschein macht – eingangs sind Personalien und Versicherungsnummern angegeben – , ist ihr «Besitzer» ein Jedermann; das Einerlei seines Jahres steht für den massenhaft und sattsam bekannten Alltag. Die Frage nach Individuum und Masse, Individualität und Uniformität gehört zu Corays wiederkehrenden Themen. Auch der in der Buchform der *Agenda* betonte Aspekt des Auf- und Weiterschreibens ist für ihr späteres Werk bestimmend. Bezeichnenderweise nutzt sie den an der *F+F* ermöglichten Freiraum vor allem zum privaten Schreiben. Erinnerungen werden begrifflich «veräusserlicht», Seite um Seite hervorgebracht, zum Aushalten und schliesslichen Fertig-Werden. Vom Schreiben-Müssen kommt Coray konsequent zum Zeichnen-Müssen, vom Erzählen zum Zählen, vom Inhalt des Aufgezeichneten zum Halt am blossen Zeichnen.

Noch während ihrer Zeit an der *F+F* lernt Coray künstlerische Ausdrucksformen kennen, die ihrer Haltung entsprechen, aber erst in ihren Zeichnungen ab 1980 in Erscheinung treten. Zu ihren Zürcher Lehrern gehören mit Anton Bruhin und Hans-Rudolf Lutz zwei Künstler, die sich in den siebziger Jahren intensiv mit Zeichen und Zeichensprache, mit Typographie und Raster beschäftigen. Mit Lutz bespricht sie ihre Arbeit an der *Agenda;* im gleichen Jahr erscheint dessen zweibändiges Werk *1979, eine Art Geschichte.* Wie Coray folgt Lutz dem Gang eines ganzen Jahres; anhand reproduzierter Zeitungsseiten bezieht er sich aber nicht auf privates, sondern öffentlich relevantes Geschehen. In einem zweiten Band beschränkt er sich auf winzige Ausschnitte der ausgewählten Texte und Photos; in der vielfachen Vergrösserung können sie oft nur noch als abstrakt-visuelles Bild von Rasterpunkten wahrgenommen werden. Alltägliche Realität und typographisch-musterartiges Bild, Nähe und Distanz sind Themen, die damals zwischen Lutz und Coray erörtert werden. Anton Bruhin, ihr zweiter Lehrer, beschäftigt sich in den gleichen Jahren mit Zeichensystemen; 1977 entstehen seine *Kalligraphien.* Dabei handelt es sich um Blätter, welche der Künstler vielfach und bis zum Rand, gleichsam im «horror vacui», mit abstrakten Tuschzeichen bedeckt. Über Bruhin versteht Coray das Zeichnen schon früh als ein additives Setzen von Zeichen, und ebenso prägend ist seine künstlerische Haltung, sein unbeirrtes, fiebriges Vorwärtsgehen, das Ausschöpfen von Ideen und Themen in langen Serien.

Den sichtbarsten Einfluss auf Corays frühes Schaffen üben Zeichnungen

just in the wide variety of human profiles – as Raetz showed in his drawing books and in the *644 Profilen* of April 1973 – but also in the choice of grids. Formal relationships also exist between Raetz's *74 Zeichnungen,* 1973, an ink drawing, an amalgam of human positions, and Coray's ironic and witty piece *Am Strand,* 1981. While Raetz's system is created through a simple collaging of single sheets on a large piece of packing paper, Coray's composition is motivated through its content. Her grid equates the precisely adjusted beach towels on which beach goers sprawl in a myriad of positions.

In the first drawing not only indidvual but also uniform human figuration occurs. While in some of her works Coray focuses on the wealth of variations within tightly set motif limitations, with others she aligns the heads, repeating them in uniform standardization. Deviations no longer occur by chance, but through manually inexact registration. In two felt-tip drawings, *Köpfe,* 1980, the motif seems almost machine made; the face is almost a type-face. After this rigid, often black and white system, Coray pursues human co-existence in her color series of 1982 *Herzen.* Hearts appear between the isolated heads – here turned in mutual affection, there unresponsive, untouched, longing. The pattern-like character of these works reflects the emotional disaffection already depicted in the drawing *Am Strand.* Total isolation is seen from a bird's eye perspective. From a spatial and emotional distance oppressions are bearable, even decorative, beautiful; bitter sweet irony.

In the following years the artist manages to keep her distance even less; isolation and muteness demand thematism and close inspection. Early in 1982 bar scenes appear as Coray approaches acrylic painting for the first time. The dark toned works capture the dim light of the locality, displaying shadowy figures in their well-practised attitude, cooly observing the viewer. Partnering the night pictures are the day images of shoppers and bathing beauties. Men as well as women group themselves in these works in pattern-like enumeration and uniformity. Occasionally, as in her drawing *Umgebung,* 1982, Coray returns to the manic, small-elemented process. As in earlier works it's an expression of the necessity to control despondence and through ceaseless work to find calm. The drawing *Umgebung* refers to a stay in New York where the artist felt especially helpless, speechless and isolated. The minute depiction of anonymous skyscrapers reflect her emotional world of that time. In 1984 Coray's forms of expression change noticeably. The acrylic paintings become large, and with them the forms simple. More space is dedicated to the individuals, the pairs and their private security in private. These images are unfulfilled dreams: the spatial intimacy of the figures – to one another as well as to the viewer – stands for the desire for emotional intimacy. Despite their stylization they are considered individuals; after repeated overpainting they come alive with a few clear strokes: calm, resting people, illusions of happiness, single or in pairs. Line and line quality remain more important in

Markus Raetz, *74 Zeichnungen/74 Drawings,* 1973, Tusche auf Papier, auf Packpapier aufgezogen/ Ink on paper, mounted on packing paper, 116,5 × 67, 2 cm, Privatbesitz/Private Collection.

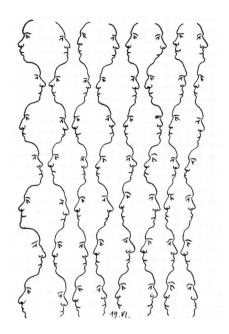

Markus Raetz (*1941), Seite aus den *10 Büchern,*
Band V, 19. VI. 1973/Page from *the 10 Books,*
Vol. V, June, 19, 1973, Tusche auf Papier/
Ink on paper, 16 x 12 cm, Besitz des Künstlers/
Property of the artist.

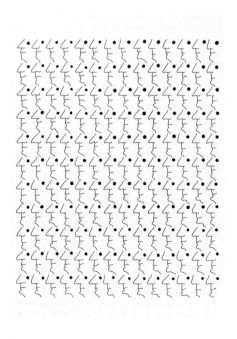

Lucia Coray,
Tusche, 1979, 42 × 29,7 cm

von Markus Raetz aus, welche die Künstlerin bei einem Besuch der Ausstellung *Das Beobachten des Beobachtens. Markus Raetz. Zeichnungen* im Kunstmuseum Bern 1977 sieht. In ihren ersten additiven Arbeiten kleiner Köpfe bezieht sie sich offensichtlich auf Raetz, nicht nur im variantenreichen Durchspielen menschlicher Profile, wie es Raetz in seinen Zeichenbüchern und den *644 Profilen* vom April 1973 unternommen hat, sondern auch in der Wahl von Gittersystemen. Formale Verbindungen gibt es auch zwischen Raetz' *74 Zeichnungen,* 1973, einem vielteiligen Zusammenschluss von Tuschzeichnungen menschlicher Stellungen, und Corays ironisch-witzigem Blatt *Am Strand,* 1981. Während sich bei Raetz das System aus einem einfachen Collagieren von Einzelblättern auf einem grossen Packpapier ergibt, ist Corays Anordnung inhaltlich motiviert. Das Gitter entspricht den exakt ausgerichteten Strandtüchern mit ihren – in allen Positionen – darauf liegenden Strandgängern.

In den ersten Zeichnungen finden sich sowohl individuelle wie uniforme Menschendarstellungen. Während Coray bei einigen Blättern den Variantenreichtum innerhalb eng gesetzter Motivgrenzen betont, gleicht sie bei andern die Köpfe an, wiederholt sie in uniformer Typisierung. Abweichungen kommen nicht mehr absichtlich, sondern durch das manuell-unexakte Erfassen unwillkürlich zustande. Auf zwei Filzstiftzeichnungen, *Köpfe,* 1980, wirken die Motive schon fast maschinell hergestellt; die Menschen-Typen erinnern an Druck-Typen. Nach diesen rigiden Systemen, oftmals schwarz-weiss, zuweilen einfarbig gestaltet, sucht Coray 1982 in der farbigen Serie der *Herzen* nach einem menschlicheren Zusammenleben. Zwischen die isolierten Köpfe treten Herzen, hier in gegenseitiger Zuwendung geteilt, dort unberührt, als blosser rosaroter Wunschtraum. Aus dem musterartigen Charakter der Blätter spricht eine seelische Distanzierung, wie sie bereits bei der Zeichnung *Am Strand* verbildlicht wird. Die massenhafte Isolation ist gleichsam aus der Vogelperspektive gesehen. Aus der räumlichen und seelischen Distanz wird das Bedrückende erträglich, ja dekorativ-schön: Bitter-süsse Ironie.

In den folgenden Jahren gelingt es der Künstlerin immer weniger, Distanz zu halten; Isolation und Stummheit wollen thematisiert, aus der Nähe betrachtet sein. Noch 1982 entstehen Bilder von Barszenen, mit denen sich Coray erstmals der Acrylmalerei zuwendet. Die dunkeltonigen Werke geben das schummrige Licht der Bildorte wieder, zeigen dunkle schemenhafte Gestalten, in eingeübt lässiger Stellung Ausschau haltend. Zu den Nachtbildern treten als gegengeschlechtliche Pendants Tagbilder modischer Shopperinnen und Strandschönheiten. Männer wie Frauen gruppieren sich auf diesen Bildern in musterartiger Aufreihung und Uniformität.

Zuweilen, wie auf ihrer Zeichnung *Umgebung,* 1982, greift Coray auf das kleinteilig-manische Gestalten zurück. Wie früher ist es Ausdruck für die

these acrylic images than the monochrome palette which serves as tonal accompaniment; however just through the minor key of the palette – purple and violet, blue gray and wine red – the deeper meaning of the images can be felt: beautiful dreams surface from a sad, dull background.

Here with the largest formats and the least distance from the motif, Coray comes to an impasse which she is unable to bridge for a year despite numerous attempts. This paralysis, determined by an inner inability to realize her personal dreams, leads to a growing speechlessness. Finally an acquaintance recommends she reconsider the additive drawings from 1980 and from there to start anew.

The advice hits the mark, emergency measures are indicated in a time of emergency: a gradually systematic method helps to ease out of the paralysis, forcing the artist onwards, mark after mark. Coray begins with a system of frontal heads, as if she wanted face to face confrontation to resist a premature capitulation, to commence with the dark fear of failure embodied in black fearful masks. The pressure which she exerts on her pencil corresponds to the pressure within herself. Little by little, with each new work, the pressure is released. In many ways the urgency of this manic work is related to certain works of *art brut*. Some of Adolf Wölffli's images, which fascinate Coray but do not influence her, demonstrate a similar additive approach

Adolf Wölfli (1860–1930), *Foliantten-Marsch*, 1915, Farb- und Bleistift auf Papier/Graphite and coloured pencil on paper, 72 × 102 cm, Kunstmuseum Bern, Adolf Wölfli-Stiftung.

46

Lucia Coray, *Barszene/Bar scene,* 1982, Acryl auf Leinwand/Acrylic on canvas, 67 × 95 cm, Sammlung/Collection Marcel Ditzler, Wettswil.

Lucia Coray, *Sommerszene/Summer scene,* 1983, Acryl auf Leinwand/Acrylic on canvas, 40 × 60 cm, Sammlung/Collection Schweizerische Kreditanstalt, Davos.

Lucia Coray, *Umgebung (Ausschnitt)/Surroundings (Detail),* 1982, Bleistift, Oelkreide auf Papier/Graphite, oil crayon on paper, 84 × 59 cm, Privatbesitz/Private Collection.

Notwendigkeit, Gefühle der Verlorenheit zu kontrollieren und mit unablässigem Arbeiten Ruhe zu finden. Die Zeichnung *Umgebung* bezieht sich auf einen Aufenthalt in New York, wo die Künstlerin Isolation und Sprachlosigkeit besonders hilflos erlebte. Die minuziös-manische Darstellung anonym wirkender Wolkenkratzer reflektiert in sprechender Weise ihre damalige Gefühlswelt. 1984 verändert sich Corays Ausdrucksweise auffallend. Die Acrylbilder werden gross und mit ihnen die einfachen Formen. Viel Platz ist dem Einzelnen, dem glücklichen Paar und seiner Geborgenheit in privaten Räumen gegeben. Es sind Wunschbilder: Die räumliche Nähe der bildfüllenden Figuren – zueinander ebenso wie zum Betrachter – steht für die Sehnsucht nach seelischer Nähe. Trotz ihrer Stilisierung sind sie als Individuen gesucht; nach vielfachen, immer neu übermalten Anläufen nehmen sie mit wenigen klaren Strichen Gestalt an: ruhige ruhende Menschen als Illusion vom Glück zu zweit oder Glück allein. Linie und Zeichnung bleiben in diesen Acrylbildern zwar wichtiger als die monochromen, als «Begleitmusik» dienenden Farbtöne; gerade an der Moll-Tonart der Palette – Violett und Lila, Graublau und Weinrot - kann jedoch der tiefere Grund der Bilder erspürt werden: schöne Träume vor traurig-trübem Hintergrund.

Hier nun, mit den grössten Formaten und der grössten räumlichen Motiv-Nähe, stösst Coray 1986 an eine Grenze, die sie während eines ganzen Jahres trotz vielfachen Versuchen nicht zu überwinden vermag. Das Gefühl des Verharrens, bedingt durch die innere Unmöglichkeit, weiterhin persönliche Wunschträume zu «veräussern», führt zu wachsender Mutlosigkeit. Schliesslich rät ihr ein Bekannter, sich auf die additiven Zeichnungen von 1980 zu besinnen, um von dort aus neue Wege zu finden.

Der Rat ist trefflich, er deutet in einer Not-Zeit auf die ihr notwendig entsprechende Arbeitsweise: Aus dem Verharren hilft ein sukzessives systematisches Vorgehen, das die Künstlerin zwingend vorwärtsführt, Strich um Strich. Coray beginnt mit einem System frontaler Köpfchen – als wollte sie, von Angesicht zu Angesicht, sich konfrontieren lassen, dem vorzeitigen Aufgeben widerstehen, es mit der dunklen Angst des Versagens, verbildlicht in schwarzen furchterregenden Fratzen, aufnehmen. Der Druck, mit dem sie von aussen den Bleistift führt, entspricht dem inneren, aus dem sie arbeitet. Erst nach und nach, mit jeder neuen Zeichnung, nimmt er schliesslich ab. In vieler Hinsicht erinnert die Notwendigkeit dieses manischen Schaffens an gewisse Arbeiten der *art brut.* Manche von Adolf Wölfflis Blättern – die Coray faszinieren, aber nicht beeinflusst haben – zeigen ein ähnlich additives Vorgehen, reflektieren den nämlich zwanghaften Wunsch, durch systematische Ordnung und «Richtigkeit» Ruhe zu finden. Mit den weichenden Ängsten scheinen Corays Systeme luftiger und leichter zu werden. Der Auftrag wird lockerer, die Köpfchen beginnen sich auf ihren

They reflect the same compulsive desire to find peace and 'impeccability' in systematic order.

As her fears abate Coray's systems become airier and lighter. Her application is looser, the heads begin to move within their narrow spaces. With this increasing freedom and disorderliness the formations begin to breathe, drawing is no longer a question of survival but rather proof of life: each mark is a breath.

Coray's works encourage differing viewpoints. Up close they can be read additively, from a distance they are more perceived; here experienced through the energy of a constantly pulsating line, there measurable in the tracking of tiny components of time and effort. (The book takes into account the double character of the work in showing both full plates and details.) While Coray's manically additive works are reminiscent of Wölffli, her unpretentiousness is also comparable to the meditative work of Agnes Martin in the sense of the succinct form of eastern philosophy. We discern their effect over time as both 'seen' and 'read'. Deliberateness and endurance are not only components of Coray's process, they are also perceptible in the completed work.

Since her new phase, beginning in 1987, Coray has dedicated herself solely to drawing; through drawing she can realize her characteristic urge for enduring almost ritualistic work. The heads – read humans – are now kept consisitently at a distance. Tiny, they become vanishing components of a pattern-like whole. The 'how' comes to the fore now more than the 'what', the method more than the message. Mere activity and industry are not the point. Up to now Coray has consciously remained with the human motif – either as a frontal view of a head, or a gestural profile. Her distancing can be seen philosophically, and has little to do with a decorative post-modern *all over* – this is borne out by her personal history. Now as before it is an existential question: regulated by the system, the individual counts little and remains dependent on everything, in good times as in bad.

The newest ink drawings have become more multi-layered. The artist now sets up to eight layers of her heads on top of one another; ancestors and offspring come from every direction to join the neighbors: present, past and future weave themselves together in a tight net of relations. The individual element is more and more difficult, practically impossible to discern, 'outstanding' indiviuals don't exist in Coray's democracy. Finally, when after weeks of work everything is done and endured, each is the same. What remains is a living unity, completed, but in its impact moving ever on. So the drawings come to an end with the last mark but not to rest. With our perceptive 'endurance' and participation, Lucia Coray's documents of lived life find a new life – consequence.

Christoph Vögele

Agnes Martin (* 1912), *Ohne Titel/Untitled,*
Oel auf Leinwand/Oil on canvas, 30,5 × 30,5 cm,
Annemarie Verna Galerie, Zürich.

engen Plätzen zu regen. Mit der zunehmenden Freiheit und Regellosigkeit
der Anordnung beginnen die Blätter zu atmen, Zeichnen ist nun nicht mehr
eine Frage des Überlebens, sondern ein Beweis des Lebens: Jedes Zeichen
ein Atemzug.

Corays Werke motivieren entgegengesetzte Zugänge. Aus der Nähe können
sie additiv gelesen, aus einiger Distanz schauend betrachtet werden; hier
wird am steten Pulsieren der Linienschwünge Lebendigkeit erfahrbar, dort
im Nachgehen der winzigen Einzelteile Arbeit und Zeit messbar. (Das Buch
wird mit den Gesamt- und Detailansichten der Blätter diesem Doppelcharak-
ter gerecht.) Konnte Corays additiv-manisches Zeichnen an Wöffli erinnern,
so gleicht ihr unprätentiöses, im Sinne östlicher Weisheit lapidares Gestalten
der meditativen Kunst von Agnes Martin. Schauend wie lesend können wir
Corays Zeichnungen in ihrer ausgesprochenen «Langzeitwirkung» erkennen.
Langsamkeit und Ausdauer sind nicht nur Komponenten von Corays prozess-
haftem Arbeiten, als generelle Werte sind sie auch in der Betrachtung der
vollendeten Werke fassbar.

Seit ihrem Neuanfang 1987 widmet sich Coray ausschliesslich der Zeichnung;
zeichnend kann sie den ihr charakteristischen Trieb zum ausdauernden, fast
rituellen Arbeiten ausleben. Die Köpfe, sprich Menschen hält sie sich nun
konsequent auf Distanz, als Köpfchen werden sie ein verschwindender Teil
im vielteilig-musterartigen Ganzen. Das «Wie» kommt jetzt immer häufiger
vor dem «Was», das Machen vor dem Sagen. Blosse Hand- und Fleissarbeit
ist damit nicht gemeint. Ganz bewusst hat Coray bis heute das Motiv des
Menschen – ob im frontalen Kopf oder Profilkürzel gezeigt – nie verlassen.
Ihre Distanznahme kann philosophisch verstanden werden und hat wenig –
das beweist Corays Lebensgeschichte – mit einem dekorativ-postmodernen
all over zu tun. Nach wie vor geht es um existentielle Fragen: Von Systemen
bestimmt, gilt der Einzelne wenig, bleibt allerorten abhängig, im Guten
wie im Schlechten.

Die neuesten Tuschzeichnungen sind vielschichtiger geworden. In bis zu
acht Lagen setzt die Künstlerin ihre Köpfchen jetzt auch übereinander;
zu den Nachbarn aller Himmelsrichtungen gesellen sich Ahnen und Nach-
kommen: Gleich-, Vor- und Nachzeitigkeit verweben sich im dichten Be-
ziehungsnetz. Die Einzel-Lese wird immer schwieriger, ja unmöglich, her-
vorragende «Köpfe» gibt es in Corays «Demokratie» keine. Am Schluss,
wenn nach wochenlanger Arbeit alles fertig und ausgehalten ist, sind alle
gleich. Es bleibt ein lebendiges Ganzes, vergangene, in ihrer Wirkung aber
andauernde Bewegung. So kommen die Zeichnungen mit den letzten
Strichen zwar zu einem Ende, aber nicht zur Ruhe. Mit unserem schauenden
Aushalten und Mitfolgen finden Lucia Corays Zeugnisse gelebten Lebens
neues Leben, Konsequenz.

Christoph Vögele

In der linken unteren Ecke ist in Originalgrösse
ein Bildausschnitt abgebildet.
A detail is reproduced in the original size in the
lower lefthand corner.

Bleistift, 1987, 83×78 cm

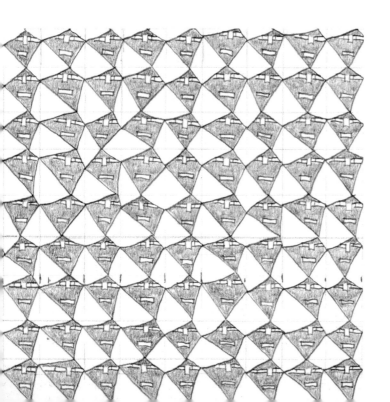

Bleistift, 1987, 89×89 cm

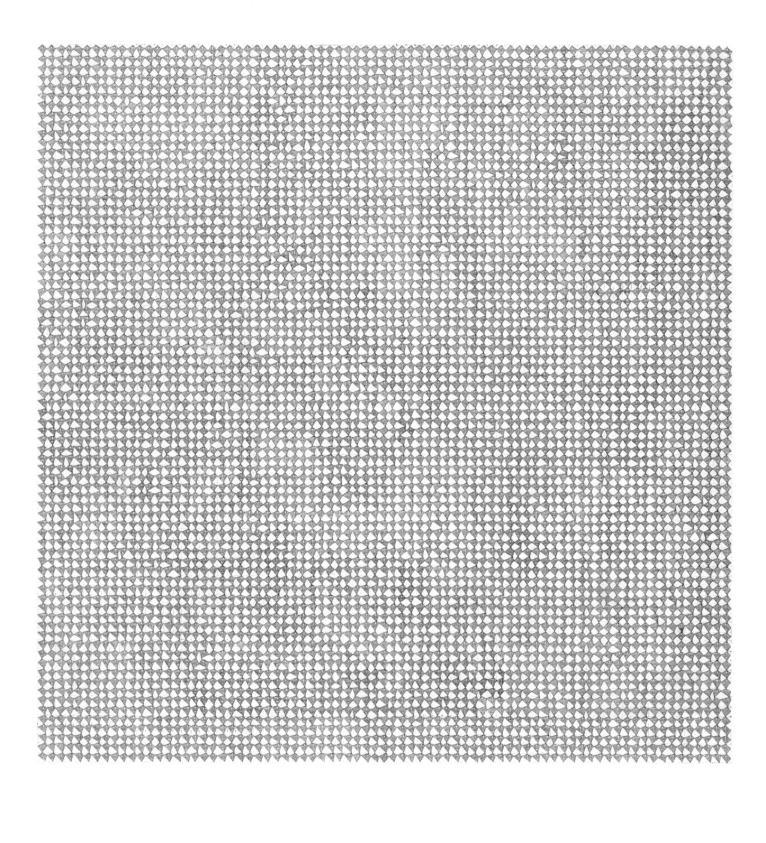

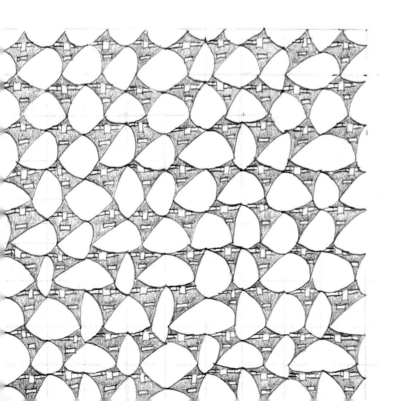

Bleistift, 1988, 89×89 cm   54

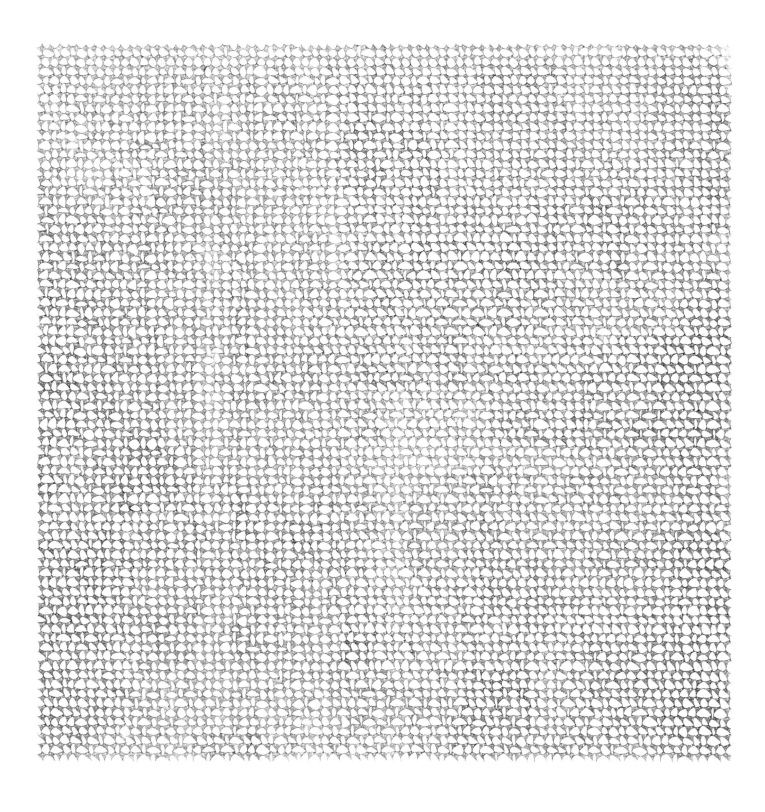

Bleistift, 1988, 89×89 cm   56

Bleistift, 1988, 74 × 98 cm
Sammlung Charles Vögele, Seedamm Kulturzentrum   58

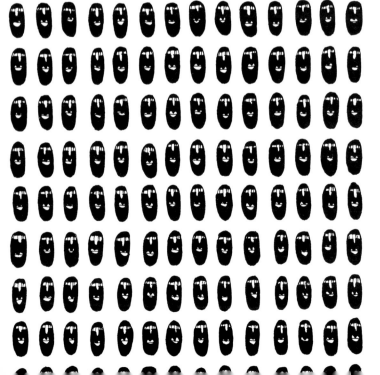

Tusche, 1988, 83 × 78 cm
Sammlung Roger und Beatrice Oppenheim, Zürich   60

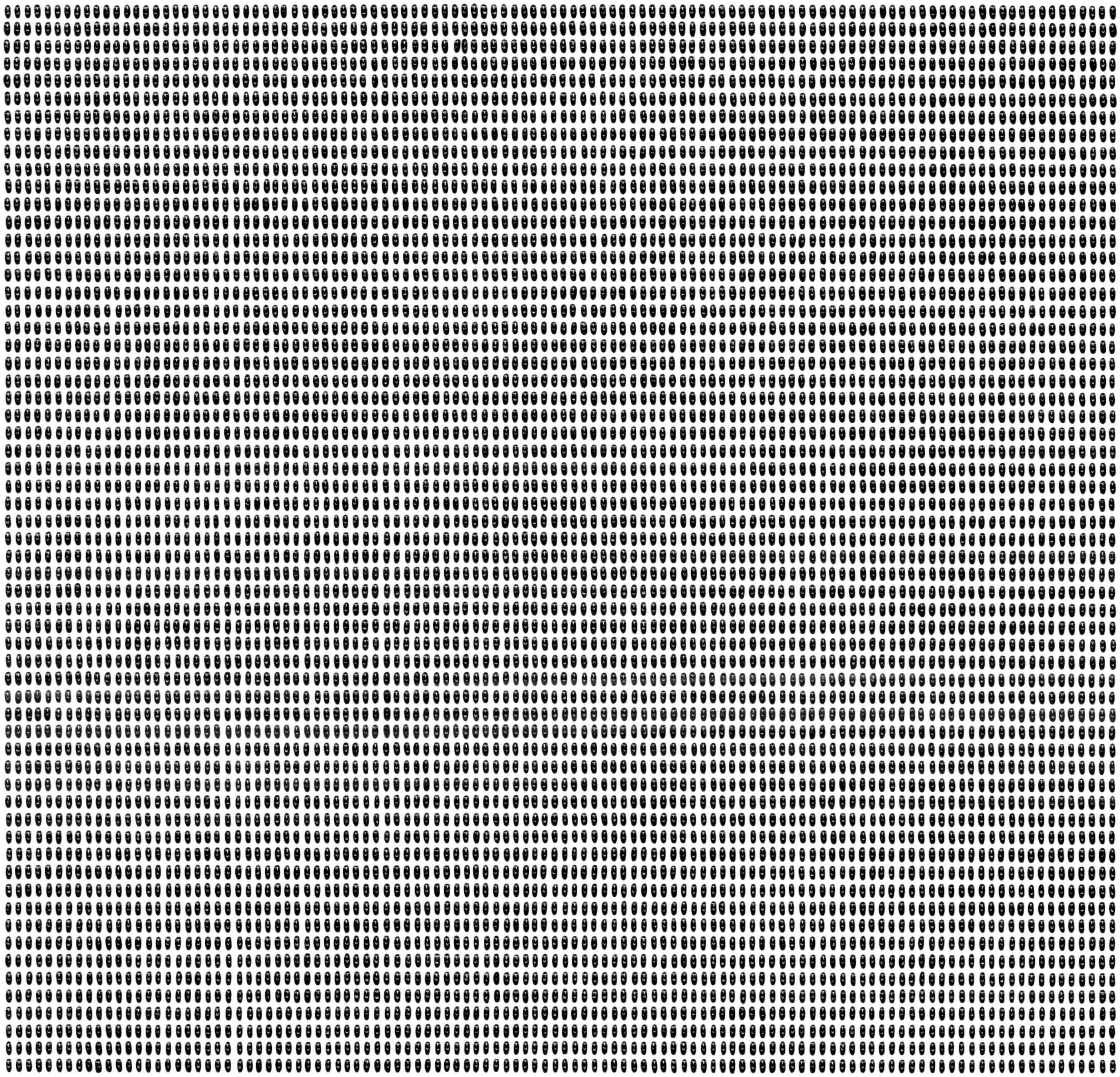

Tusche, 1988, 83 × 78 cm
Sammlung Roger und Beatrice Oppenheim, Zürich   62

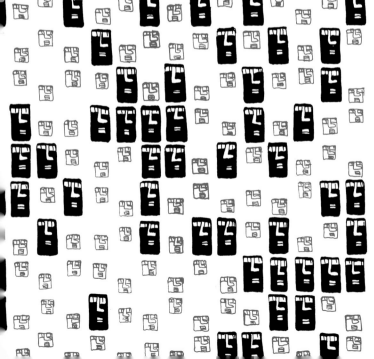

Tusche, 1989, 79.5×81.5 cm
Privatsammlung

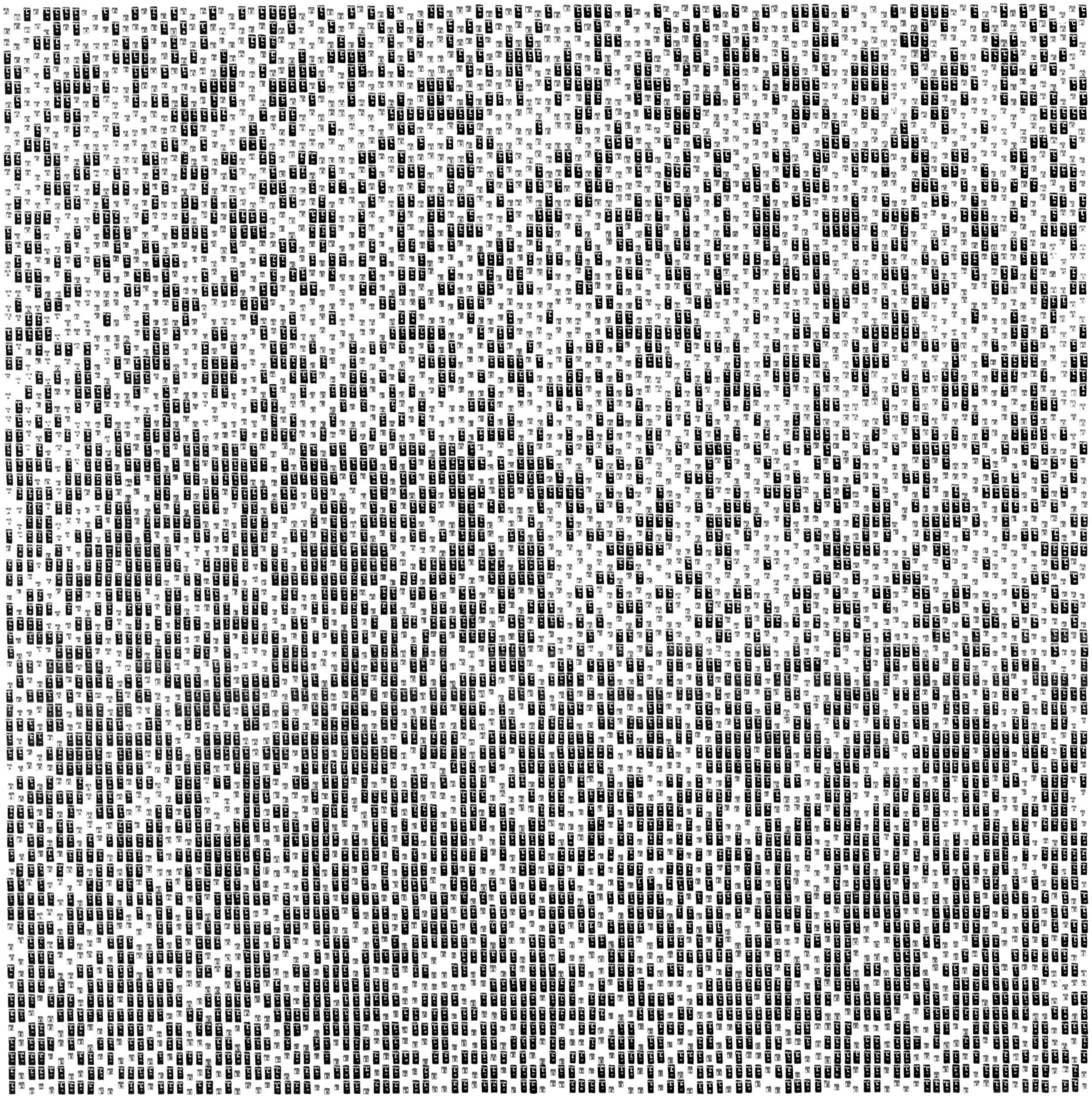

Tusche, 1989, 79.5×81.5 cm
Sammlung Schweizerische Nationalbank   66

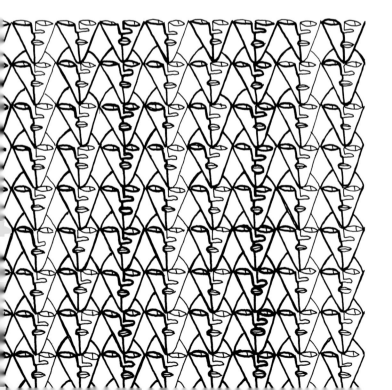

Tusche, 1990, 94.8 × 94.8 cm

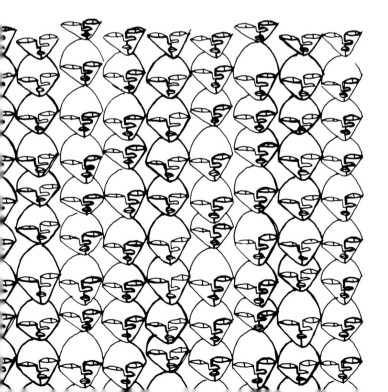

Tusche, 1990, 94.8 × 94.8 cm 70

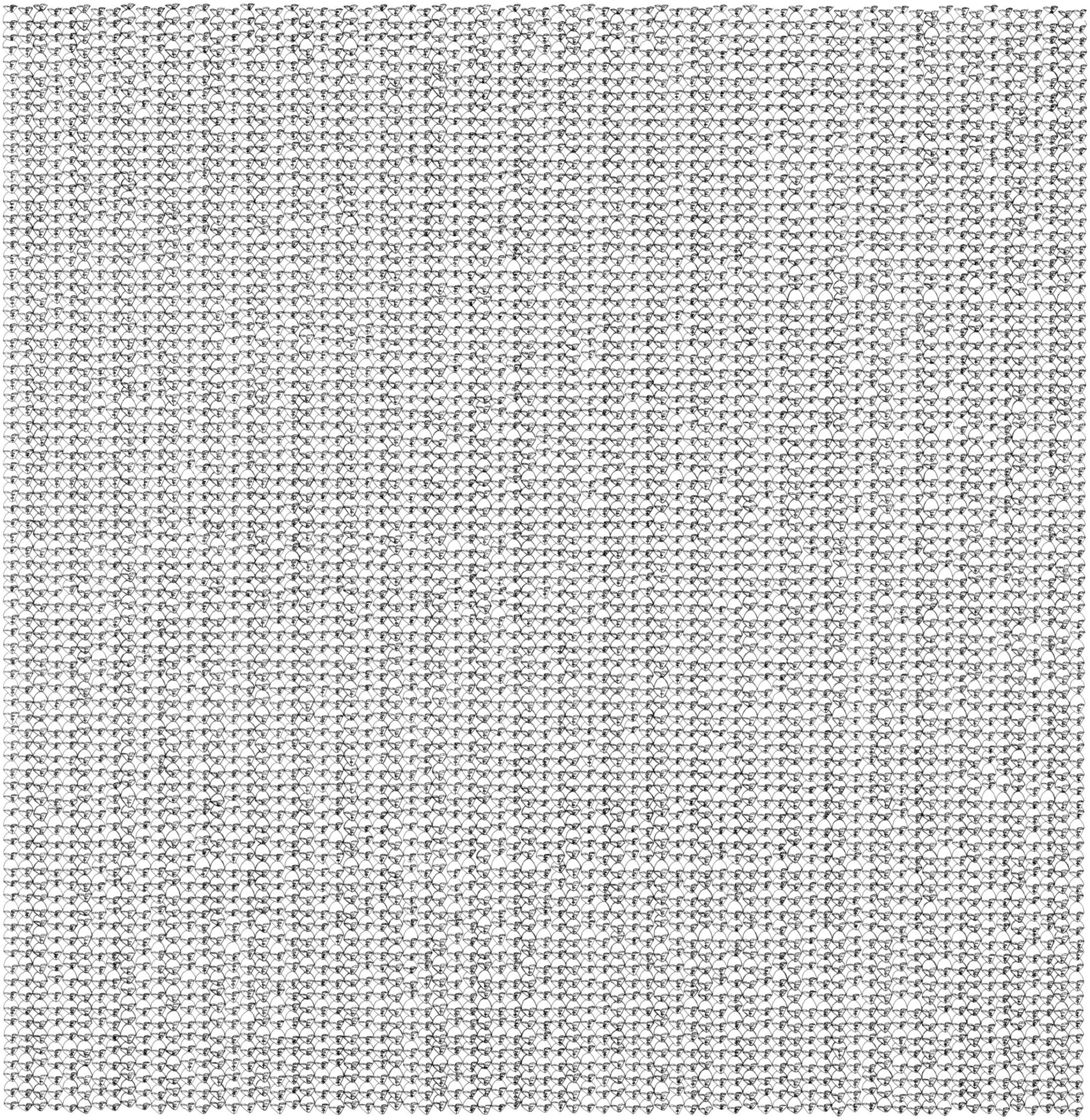

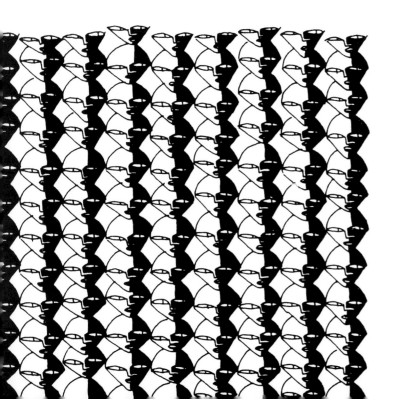

Tusche, 1992, 94.8 × 94.8 cm
Sammlung Kurt Tenger, Bassersdorf

Tusche, 1994, 94 × 94 cm

74

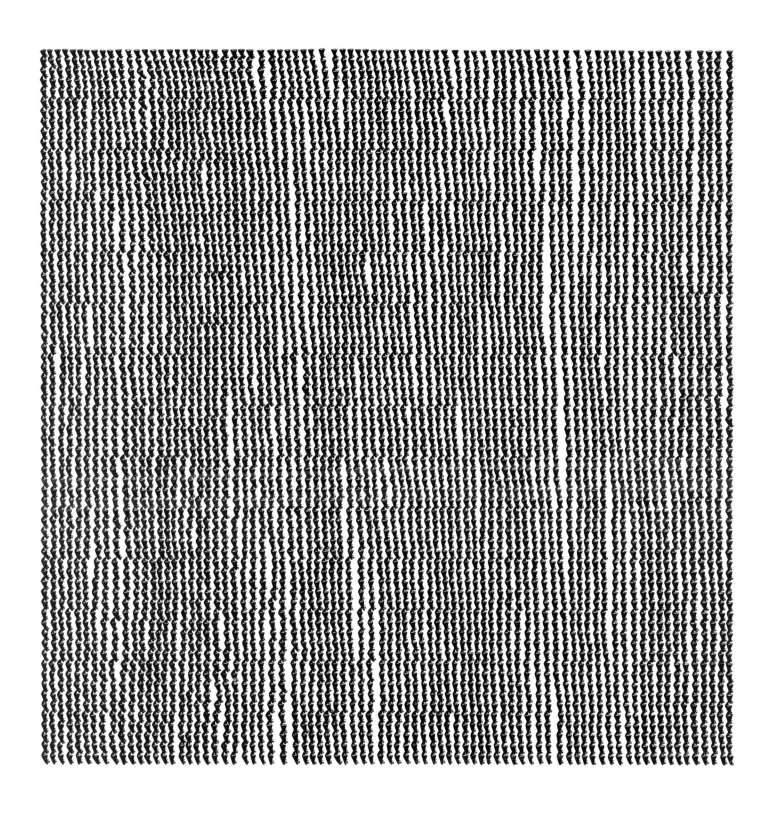

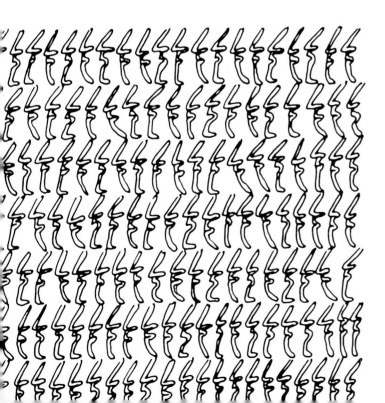

Tusche, 1993, 94×94 cm
Sammlung Ruppert, Hamburg

Tusche, 1993, 94×94 cm

Tusche, 1994, 70×70 cm
Sammlung Lea Krausz, Galerie, Jenins

Tusche, 1994, 70×70 cm
Sammlung Jack Waser, Weiningen-Zürich

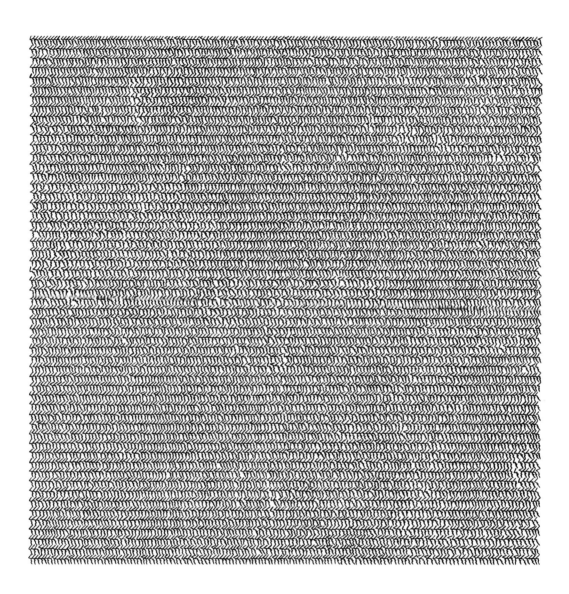

Tusche, 1993, 70×70 cm
Sammlung Adolf und Elisabeth Wasserfallen, Langsch, Zürich

Tusche, 1994, 70×70 cm
Sammlung Jack Waser, Weiningen-Zürich

In der linken unteren Ecke ist in Originalgrösse
ein Bildausschnitt abgebildet.
A detail is reproduced in the original size in the
lower lefthand corner.

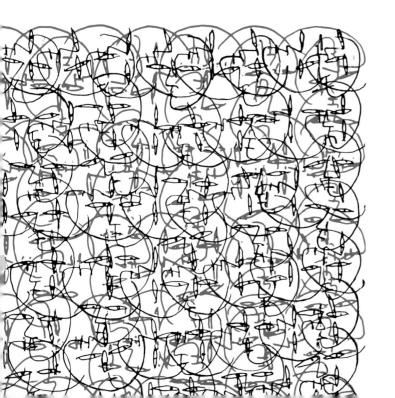

Tusche, 1994, 94×94 cm

84

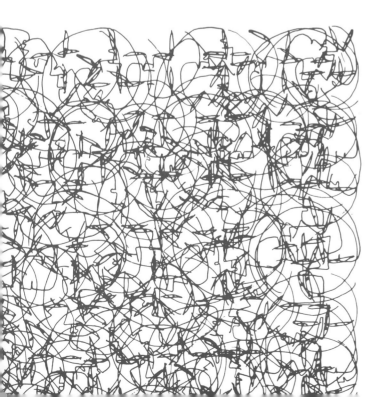

Tusche, 1995, 94×94 cm

Bleistift, 1995, 94×94 cm

Biographie/Biography

1957   in Zürich geboren
1977-79 F+F. Schule für experimentelle Gestaltung Zürich

Einzelausstellungen/Solo Shows

1983	Bonstetten, Galerie für Gegenwartskunst
1984	Zürich, BINZ39
1985	Stein am Rhein, Galerie Rehbock
1986	Zürich, Galerie Susann Mäusli
1987	Bonstetten, Galerie für Gegenwartskunst
1989	Scuol, Kulturzentrum BINZ39
	Zürich, Galerie Susann Mäusli
	Stein am Rhein, Galerie Rehbock
1991	München, Stadtmuseum (Überlackerhaus)
	Zürich, Galerie Susann Mäusli
1992	Baden, Städtische Galerie im Amtshimmel
1993	Zürich, Galerie P'art
1994	Hüttwilen, Galerie im Riegelhaus
1995	Schaffhausen, Forum Vebikus, Kulturzentrum Kammgarn
	Jenins, Galerie Lea Krausz
	Zürich, Galerie Marie-Louise Wirth

Ausgewählte Gruppenausstellungen/Selected Group Shows

1983	Zürich, BINZ39
1984	Kreuzlingen, Bellevue (Katalog)
1986	Toronto, Mercer Union, *Spectrum Zürich* (Katalog)
	Zürich, Strauhof, *Lucia Coray, Greta Leuzinger, Beatrice Stähli* (Katalog)
1989	Baden, Trudelhaus
1990	München, Künstlerwerkstätten Lothringerstrasse *Aktuell 90. Junge Kunst aus Zürich* (Katalog)
1992	Berlin, Künstlerclub «Die Möve», *Berlin-Zürich, Schweizer Kulturwoche in Berlin* (Kulturamt Berlin und Pro Helvetia)
1993	Pfäffikon SZ, Seedamm Kulturzentrum (Katalog)
1994	Zürich, Galerie Bild Raum

Kataloge/Catalogues

1984 *Belle-vue,* Kreuzlingen.
1986 *Lucia Coray, Greta Leuzinger, Beatrice Stähli,* Strauhof Zürich
   (Text von Irene Meier).
1986 *Spectrum Zürich,* Mercer Union, Toronto
   (Text von Martin Kraft).
1990 *Aktuell 90. Junge Kunst aus Zürich,* Künstlerwerkstätten
   München (Text von Conradin Wolf).
1993 *Moderne Kunst – unsere Gegenwart,* Seedamm Kulturzentrum
   Pfäffikon SZ (Text von Fritz Billeter).

Bibliographie (Auswahl)/Selected Bibliography

1983   Fritz Billeter, *Talentproben,* in: Tages Anzeiger, Züri-Tip,
        Zürich, 25. 2.1983.
1984   Ludmila Vachtova, *Lucia Coray in der Galerie BINZ39,*
        in: Tages Anzeiger, Zürich, 15. 9.1984.
1985   Irene Meier, *Spielerische Gestik,* in: Zürichsee Zeitung,
        Stäfa, 16. 4.1985.
1986   Peter Killer, *Bildgedichte, Seidenpapier und die Schlacht
        am Morgarten. Zur Sommerausstellung im Zürcher Strauhof,*
        in: Tages Anzeiger, Zürich, 15. 7.1986.
        (i.st.), *Kunst in Zürich, Coray, Leuzinger, Stähli im Strauhof,*
        in: Neue Zürcher Zeitung, Zürich, 11. 7.1986.
1989   Conradin Wolf, *Universum aus Köpfen,* in: Tages Anzeiger,
        Züri-Tip, Zürich, 7. 4.1989.
1990   Claude Degueldre, *Lucia Coray,* in: Revue d'art contemporain
        Bruxelles, Nr. 57, Bruxelles, Oktober 1990.
1991   Fritz Billeter, *Pro Tag 350 Köpfe,*
        in: Tages Anzeiger, Züri-Tip, Zürich, 25.1.1991.
        Conradin Wolf, *Lucia Coray* (Porträt), in: Kunst-Bulletin,
        Zürich, April 1991.
        Gina Berg, *Köpfe, Köpfe – in riesiger Zahl,* in: Süddeutsche
        Zeitung, München, 24.10.1991.
        Sylvio Acatos, *Lucia Coray,* in: Brückenbauer, Zürich, 13.11.1991.
1993   Ingrid Textor, *Lucia Coray, P'art Galerie Zürich,*
        in: Artis, Bern, September 1993.
        Diana Popova, *The «process-space»-festival Balchik,*
        in: Art in Bulgaria, Sofia, September 1993.
1995   Christoph Vögele, *Lucia Coray im Kulturzentrum Kammgarn
        Schaffhausen,* in: Kunst-Bulletin, Zürich, März 1995.
        Gisela Kuoni, *Lucia Coray in der Galerie Lea Krausz,* in:
        Bündner Zeitung, Chur, 3. 6. 1995.
        Christoph Vögele, Fritz Billeter, *Lucia Coray*
        Monographie im Waser Verlag, Weiningen-Zürich

Dieses Buch erscheint in einer Auflage von 1200 Exemplaren.
Die Vorzugsausgabe enthält:
22 Bücher, numeriert 1–22, von der Künstlerin signiert und von einer
Zeichnung begleitet, 42 × 42 cm, Bleistift oder Tusche, gerahmt und
hinten signiert.

1200 copies of this edition have been printed.
The special edition contains:
22 books in a cloth-slipcase, numbered 1–22, each signed by the artist,
accompanied by a drawing, 42 × 42 cm, pencil or Indian ink, framed
and signed on reverse.